D. D. Stacks
Illustriert von Billy Armstrong und Chessie Wiking

Spiel mit meinen Möpsen!

Bibliografische Information der Deutschen Nationalbibliothek
Die Deutsche Nationalbibliothek verzeichnet diese Publikation in der Deutschen Nationalbibliografie; detaillierte bibliografische Daten sind im Internet über https://dnb.de abrufbar.

Für Fragen und Anregungen
info@m-vg.de

8. Auflage 2026

Türkenstraße 89
80799 München
Tel.: 089 651285-0

Die amerikanische Originalausgabe erschien im Jahr 2014 bei Happy Hen Books unter dem Titel *Play with my Boobs*.

Verfasst von: D. D. Stacks
Umschlaggestaltung: Pamela Machleidt, München
Illustrationen: Billy Armstrong und Chessie Wiking
Layout und Designelemente: Dan Nolte
Satz: Daniel Förster, Belgern
Druck: Florjancic Tisk d.o.o., Slowenien
Printed in the EU

ISBN Print 978-3-86883-439-0

Weitere Informationen zum Verlag finden Sie unter

www.rivaverlag.de

Beachten Sie auch unsere weiteren Verlage unter www.m-vg.de

SPIEL MIT MEINEN MÖPSEN!

Das interaktive Männerspaßbuch

Auflösungen:

Du findest die Antworten auf die Rätsel und Spiele auf derselben Seite – auf dem Kopf und ganz klein geschrieben.

SVHKKALWJATEDÖGH
AIPOHFIJLJFUDCMJJL
OJGRZRORCDETYGAMLLMP
ZFGVBNMBBJFERALBEMIER
UHUPENLMUAARMIZOULFFLÜB
EAKLLERWLFGUHKGTCFEPOOGR
PITBGJLHZUOSRZIONKDEGYNBÜA
EMKZWILLINGEEAVBNMIERLBDEBSM
WLÖUTBNMTZTUOJLJFFDCBNLEEWNFTK
WLMPTANMÄZKTLEBALLONSKGTRERKLQES
FDFSEAVBNMLTEEVBNMIHFTJLJFFGCBKUR
LQPÜEFTDTEAVBLMINJFTEAVBNMMUTENMIHJ
RTÜTENANMIZTUOEFQUARKTASCHENJFJIPSB

L O D E M I K S U M D R A D K A P P E N E T C O A
S D R E H Z A H L D I P S C I N G E L I T R S R D
D I A M A O N U M Y E I R M O D T E M P O R M N S
I H U N N U T P A P O S E E T D O L O R E A A Z T
A A U I D U Y E M E U A C S E D D I A M T O L Ü O
T S A B G P S N I N G F L H T R S E D U I A M N S
N B M Y R I R M O D T E F P E R I N R I D U N D S
T L A B I A E E T D O L O E E I A E N A A L I K D
Y I M E F A U S E D D T U M R E N R M O D T E E Ä
O N I N F I D M N T U U L A B O R W E T D O L R M
E K A G N A A L I A I R B A G A T S E D D I A Z F
O E U P T S A D I P S B I N G E L I T R S E D E E
A R N O N U M Y E I R O O N U M Y E I R F O D N R
M P O R I N V I D U N T U T L A B O R E E E D O L
M P S C H E I B E N W I S C H E R O R E E E E R O L

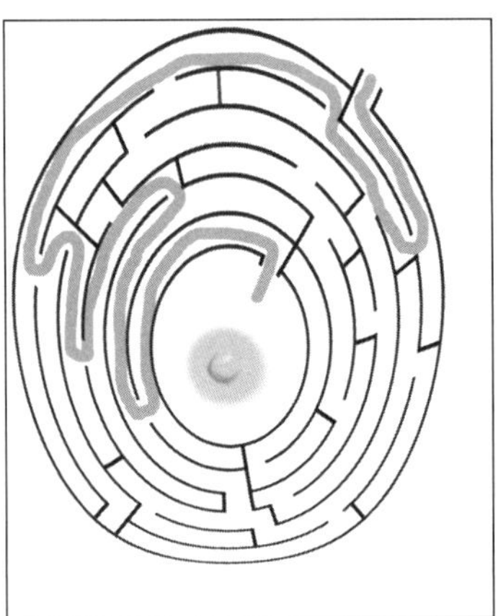

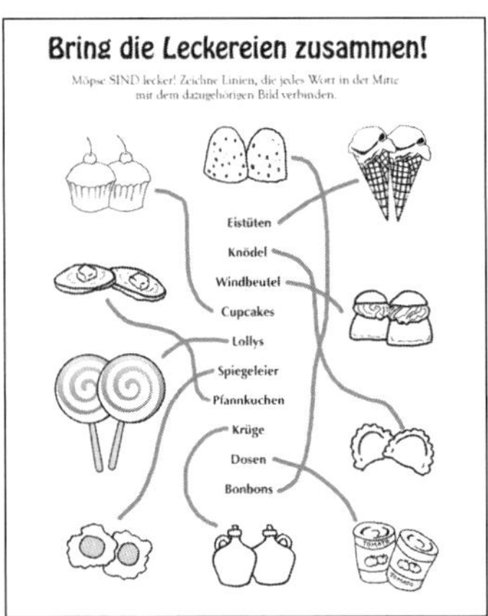

Lass
uns
spielen!

Finde den

Wir haben zehn Unterschiede zwischen dem rechten und dem linken Bild eingebaut.

1 ______________________

2 ______________________

3 ______________________

4 ______________________

5 ______________________

Unterschied

Findest du sie?

6 ______________________________

7 ______________________________

8 ______________________________

9 ______________________________

10 ______________________________

BH auf dem Boden, Wangenfarbe, Lippenstift, Nippelpiercing, Gürtel, Fußkettchen, Schuhfarbe, Nagellack, Armbanduhr, Sofaknöpfe

VERBINDE DIE PUNKTE

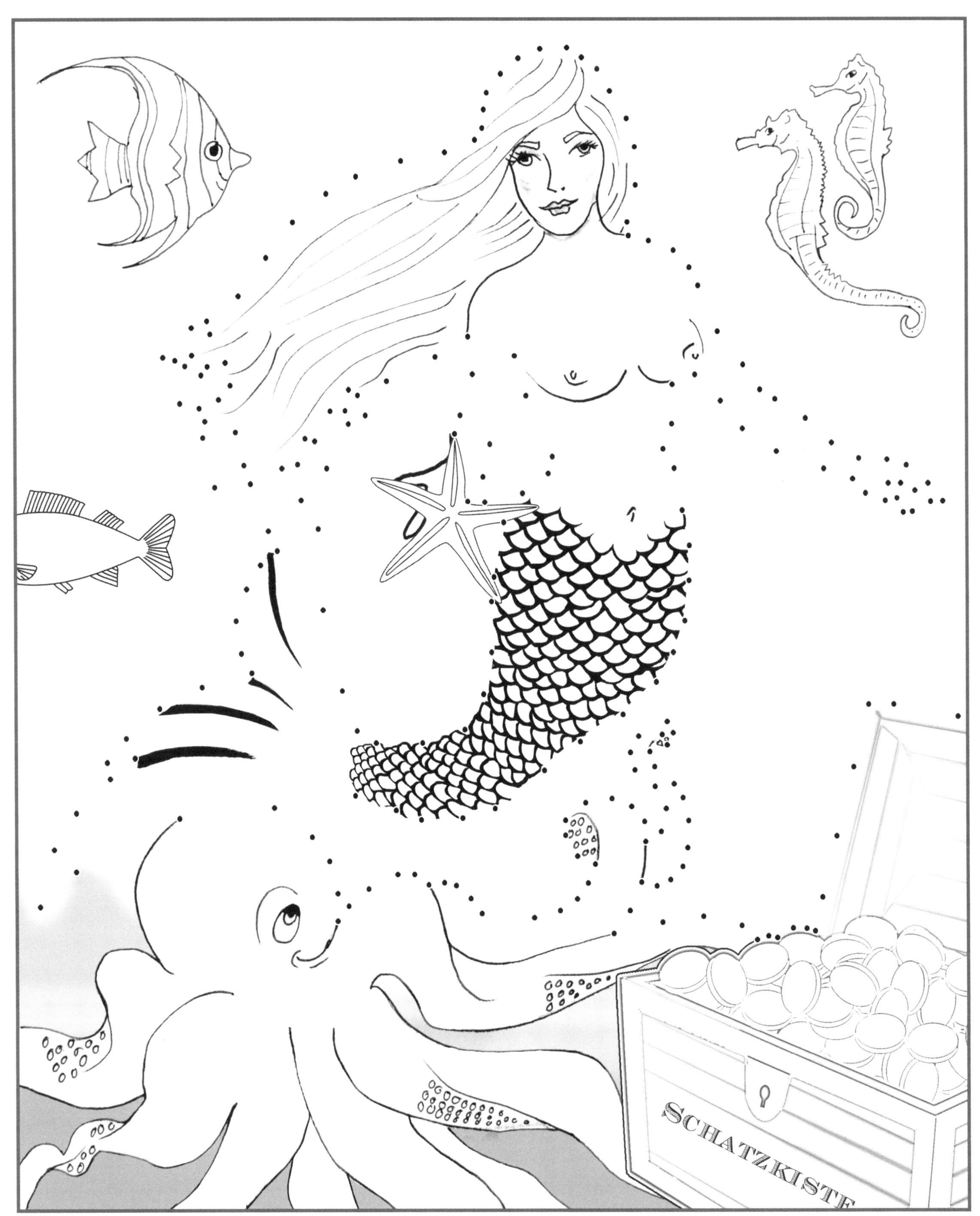

AUF EINEN HEISSEN TANZ MIT DEM WORTSUCHRÄTSEL

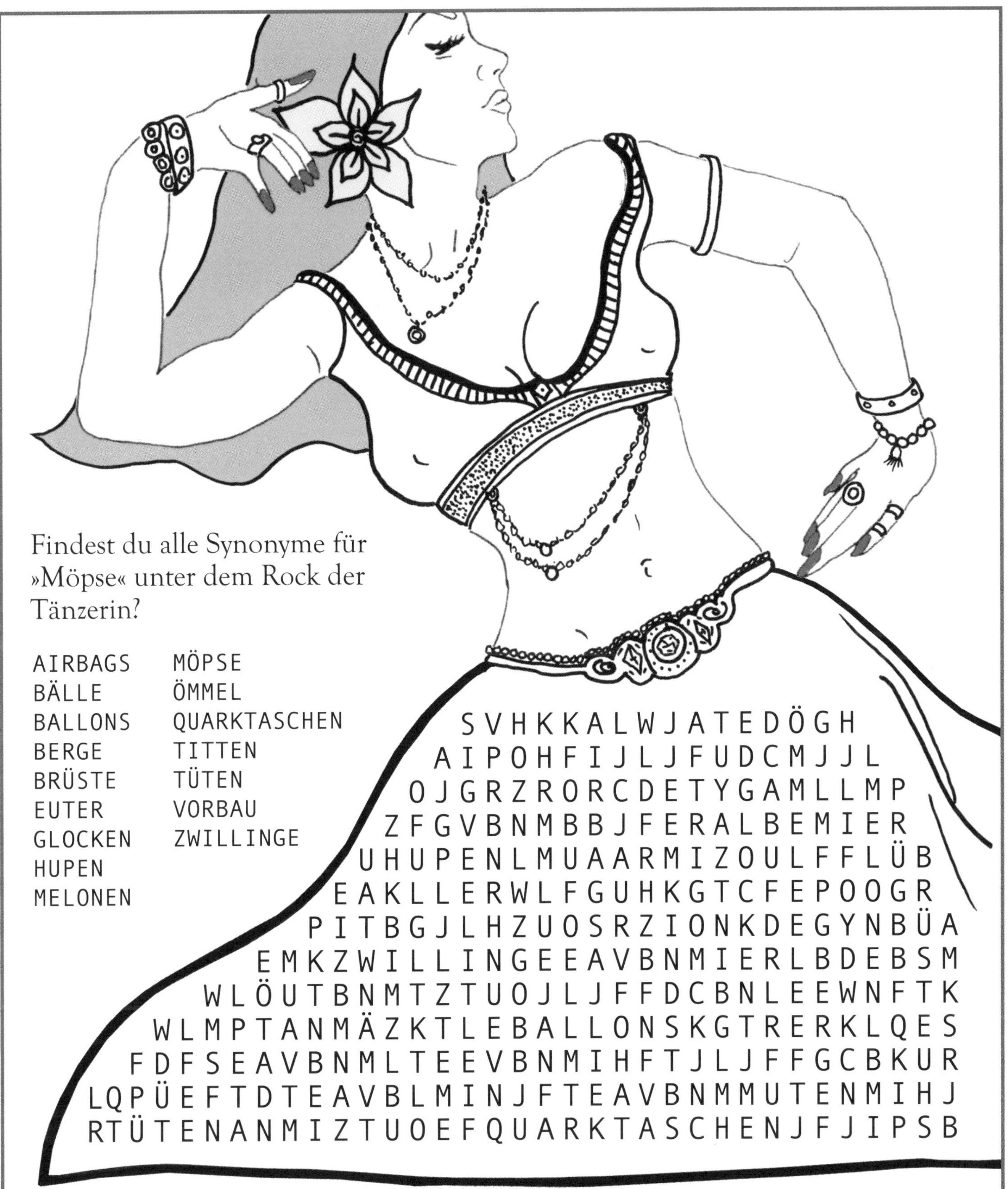

WOW!
NIPPELWETTER

Paare bilden

Nur zwei der sechs Silhouetten sind identisch. Findest du heraus, welche zusammenpassen?

A und D

Fülle die Sprechblasen

Internationales Möpse-Quiz

Jedes Land hat ein anderes Wort für Brüste!
Verbinde die Länder (links) mit den Wörtern (rechts).

1. Hawaiisch	**A. Borsten**
2. Spanisch	**B. Boobs**
3. Russisch	**C. Mammella**
4. Hindi	**D. Mimi**
5. Englisch	**E. Stana**
6. Swahili	**F. Sis'ki**
7. Italienisch	**G. Ü**
8. Niederländisch	**H. Matiti**
9. Chinesisch	**I. Vyziá**
10. Griechisch	**J. Teta**

1-E, 2-J, 3-F, 4-G, 5-B, 6-H, 7-C, 8-A, 9-D, 10-I

Möpse im Movie

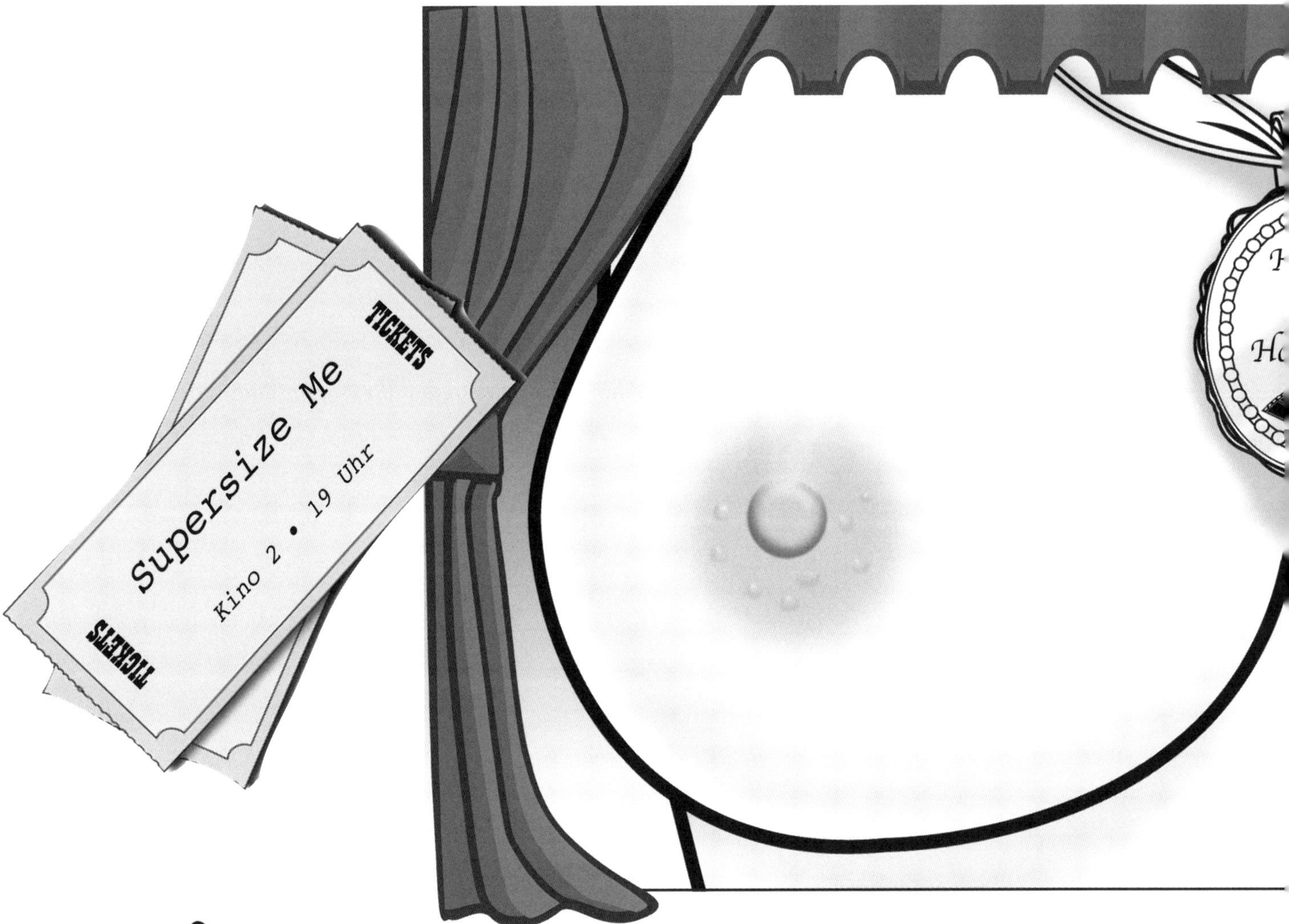

ZITATE

① *Heilig's Blechle, die Kleine hat vielleicht dicke Titten!*

② *Titten ... Huhaa ... Manche sind groß, andere klein ... Brustwarzen, die dich unentwegt anstarren, als wären sie kleine Scheinwerfer!*

④ *Sie waren überall und ihnen wuchsen Brüste ...*

③ *Geht ihr schon mal vor ... ich hab meinen Busen vergessen ...*

⑤ *Was ist denn los mit der Tussi – hat sie Nippel mit Biergeschmack?*

⑥ *Ich wünschte mir, ich hätte drei Hände.*

⑦ *Probleme sind wie Brüste, wenn du sie anfasst, macht's am meisten Spaß!*

⑧ *Gib mir einen Abend! Wenn ich nicht tausendmal besser bin als die Möpse ohne Hirn da drüben, musst du mich nicht bezahlen.*

⑨ *Und ihr Busen! Soll ich den Busen Euch beschreiben?*

Ordne die Zitate den richtigen Filmen zu

FILME

(A) Der bewegte Mann

(B) Shakespeare in Love

(C) 10 Dinge, die ich an Dir hasse

(D) Stromberg – Der Film

(E) Der Duft der Frauen

(F) Burlesque

(G) Total Recall

(H) Miss Undercover

(I) High Fidelity

1a, 2e, 3h, 4i, 5c, 6g, 7d, 8f, 9b

SÜSSER IRRGARTEN

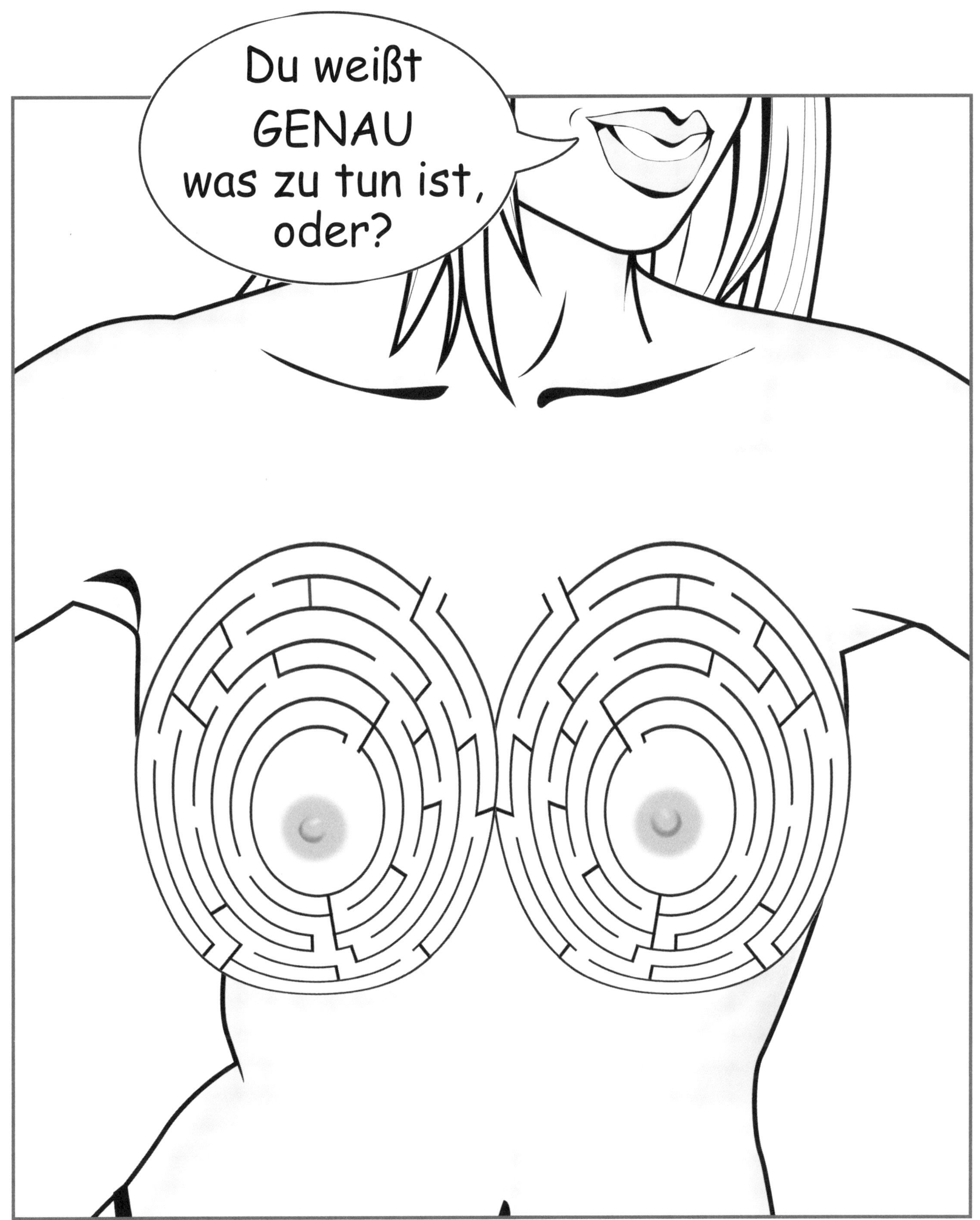

Hilfst du mir, den BH auszuwählen, der am besten passt?
BITTE NUR 20 KUNTERBUNTE KÖRBCHEN MIT IN DIE KABINE NEHMEN

Verbinde meine Punkte!
BEGINNE
IRGENDWO
ZEICHNE SANFT
UM MEINE NIPPEL
ZWICK MICH IN MEINE
SÜSSE TAILLE
FOLGE MEINEN KURVEN
DEN RÜCKEN HINAUF
UND ICH WERDE MICH SEHR GUT UM DICH KÜMMERN

Oldtimer-Wortsuchrätsel

Ist dir jemals aufgefallen, wie viele Begriffe rund ums Auto sich auf Möpse beziehen? Kannst du sie finden?

AIRBAG
ARMATUREN
BLINKER
DREHZAHL
HANDGRIFF
HUBRAUM
HUPEN
PUFFER
RADKAPPEN
SCHEINWERFER
STOSSDÄMPFER
SCHEIBENWISCHER
TURBO
ZÜNDKERZEN

```
L O D E M I K S U M D R A D K A P P E N E T C O A
S D R E H Z A H L D I P S C I N G E L I T R S R D
D I A M A O N U M Y E I R M O D T E M P O R M N S
I H U N N U T P A P O S E E T D O L O R E A A Z T
A A U I D U Y E M E U A C S E D D I A M T O L Ü O
T S A B G P S N I N G F L H T R S E D U I A M N S
N B M Y R I R M O D T E F P E R I N R I D U N D S
T L A B I A E E T D O L O E E I A E N A A L I K D
Y I M E F A U S E D D T U M R E N R M O D T E E Ä
O N I N F I D M N T U U L A B O R W E T D O L R M
E K A G N A A L I A I R B A G A T S E D D I A Z F
O E U P T S A D I P S B I N G E L I T R S E D E E
A R N O N U M Y E I R O O N U M Y E I R F O D N R
M P O R I N V I D U N T U T L A B O R E E E D O L
M P S C H E I B E N W I S C H E R O R E E E R O L
```

Bring die Leckereien zusammen

Möpse SIND lecker! Zeichne Linien, die jedes Wort in der Mitte mit dem dazugehörigen Bild verbinden.

Eistüten

Knödel

Windbeutel

Cupcakes

Lollys

Spiegeleier

Pfannkuchen

Krüge

Dosen

Bonbons

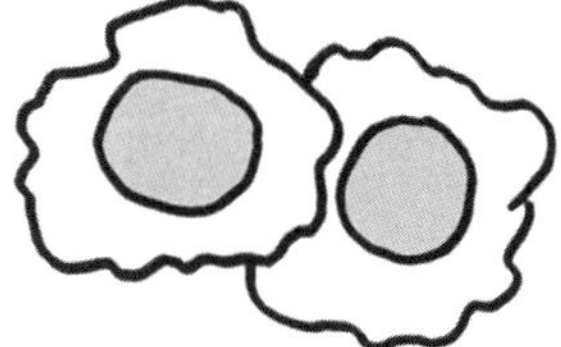

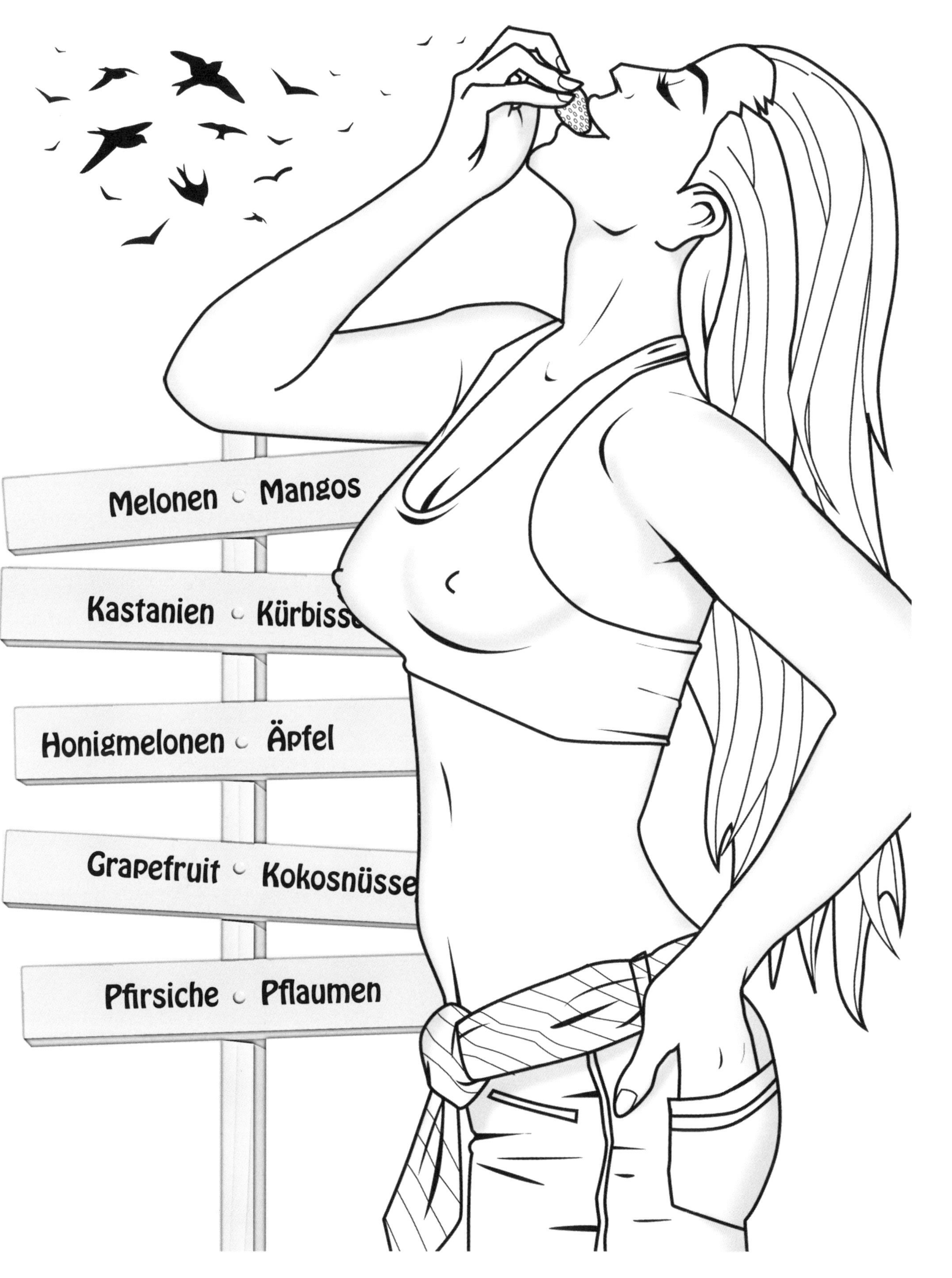

Melonen ◦ Mangos
Kastanien ◦ Kürbisse
Honigmelonen ◦ Äpfel
Grapefruit ◦ Kokosnüsse
Pfirsiche ◦ Pflaumen

Die schönen Brüste und das Biest

Ein Lückentext-Märchen. Fülle mithilfe deiner Vorstellungskraft die Lücken und erschaffe ein einmaliges Märchen von einer bezaubernden Prinzessin mit dem perfekten Paar ...

In einem weit entfernten Königreich lebte einst die wunderschöne Prinzessin [Name], welche ein perfektes Paar [Bezeichnung für Möpse] besaß. Die Prinzessin wurde in einem [Adjektiv] Wald in einem einsamen [Gebäude] von einem Zauberer gefangen gehalten, um ihre perfekten [Bezeichnung für Möpse] zu beschützen. Sie war sehr allein in ihrem Gefängnis und verbrachte die Zeit damit, [Spiel] und [Spiel] zu spielen. Eines schönen Tages freundete sie sich mit einem [Adjektiv] [Tier] an, das in ihr einsames Zuhause [Tätigkeit]. Sie nahm ihren neuen tierischen Freund an ihre [Bezeichnung für Brüste], fütterte ihn und sang ihm [Lied] vor.

Die Prinzessin war so [Gefühl] mit ihrem neuen Begleiter, dass sie ihren Freund auf den [Körperteil] [Tätigkeit]! Wie von Zauberhand verwandelte er sich in ein/e/n [Adjektiv] [Character], der ihr tief in die [Körperteil] schaute und die drei Worte sagte, nach denen sie sich so gesehnt hatte: _ _ _.

Mit diesen Worten lebten sie glücklich und bis an ihr Lebensende – und das nur wegen ihrer [Adjektiv] [Beschreibung für Möpse].

Ende.

Warum reist die ägyptische Königin in die neue Welt?
Wer sind diese üppigen Jungfrauen, die sich am Ufer rekeln?
Und warum sind so viele Vögel im Bild?

Ein rot_ _ _ _ _ _ iger Vogel beobachtet Königin Nofre_ _ _ _ _ _ , wie sie auf dem _ _ _ _cacasee entlanggleitet, während ihre Dienstmädchen mit _ _ _ _ _ _ _ _heller Stimme kichern und ihr einen gelb-

Diese und mehr Fragen kannst du beantworten, indem du die fehlenden Buchstaben in der Geschichte ersetzt. Es gibt einen Bonus, wenn du Hieroglyphen lesen kannst!!!

_ _ _ _ _ igen S_ _ _ _ch entgegenstrecken. Der Name von Königin Nofre_ _ _ _ _s Boot lautet _ _ _ _ _ _ _ _ _ _ (hier gibt's einen Bonus, da der Name in Hieroglyphen geschrieben ist).

Ein rotbrüstiger Vogel beobachtet Königin Nofretiti, wie sie auf dem Titicasee entlanggleitet, während ihre Dienstmädchen mit glockenheller Stimme kichern und ihr einen gelbbrüstigen Sittich entgegenstrecken. Der Name von Königin Nofretitis Boot lautet Möpsemobil.

Der »Spiel mit meinen Möpsen«-Titelsong

Hier ist der wirklich originale Liedtext (1. und 5. Strophe) zu einem unserer beliebtesten Volkslieder – auch bekannt unter dem Namen der Zweitverwertung »Das Wandern ist des Müllers Lust«.

Die Möpse sind des Müllers Lust

O Möpse, Möpse, meine Lust,
O Möpse!
Herr Meister und Frau Meisterin,
Lasst mich in Frieden weiterspiel'n,
O Möpse!

Schläfriges Schüttelrätsel

Die süße Sarah will herausfinden, was ihr an diesem Morgen durch den Kopf geht. Hilf ihr dabei und bring die Buchstaben in die richtige Reihenfolge:

Se tis uz üfrh, uzr bitear zu ehegn

__ ___ __ _____,___ _______ __ ______!

Chi üerdw eilreb tim rdi fasnechl, ßüres

___ ______ _______ ___ ___ __________,______!

Es ist zu früh, zur Arbeit zu gehen! Ich würde lieber mit dir schlafen, Süßer!

MILLENNIUM-MÖPSE

Möpse haben die Menschheit von Anbeginn der Zeit fasziniert. Diese freizügigen Schönheiten wurden von begnadeten Künstlern aller Epochen zu deinem Vergnügen geschaffen.

⑤

A. Henry Moores Mutter

B. Sei nicht traurig, Disney hat einen Film mit dir gemacht!

C. Natürlich hat die Sphinx eine Freundin!

D. Die Hipster-Mütze ist süß, aber vielleicht solltest du nicht mehr so viele Mammut-Burger essen, Venus!

E. Man muss zugeben, es gibt sie schon sehr lange …

④

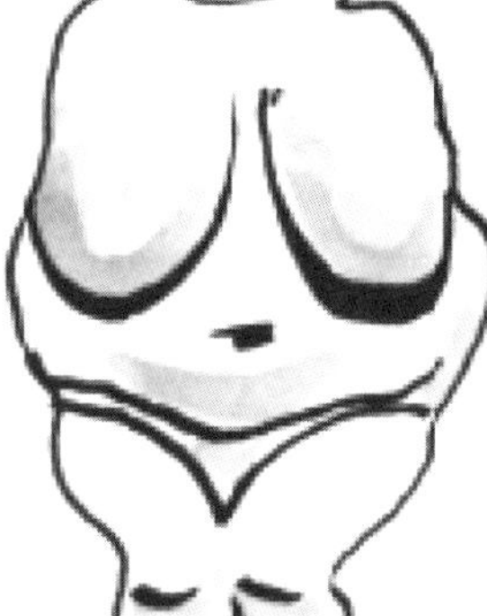

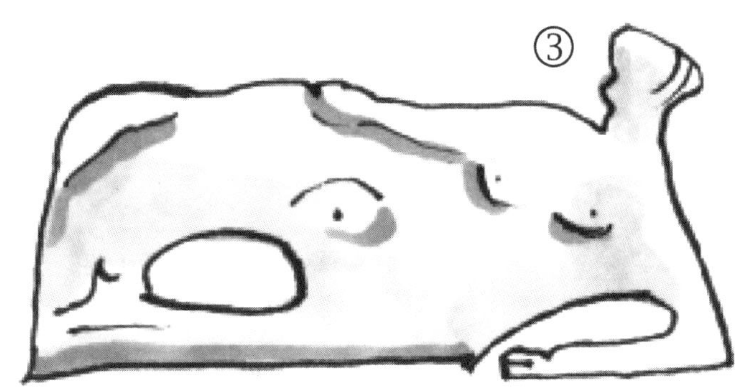

A3, B5, C4, D2, E1

Jedes Kunstwerk erzählt seine eigene Geschichte – also schau dir die vollbusigen Ladys genau an und verbinde die Beschreibungen in der Mitte der Seite mit dem passenden Bild.

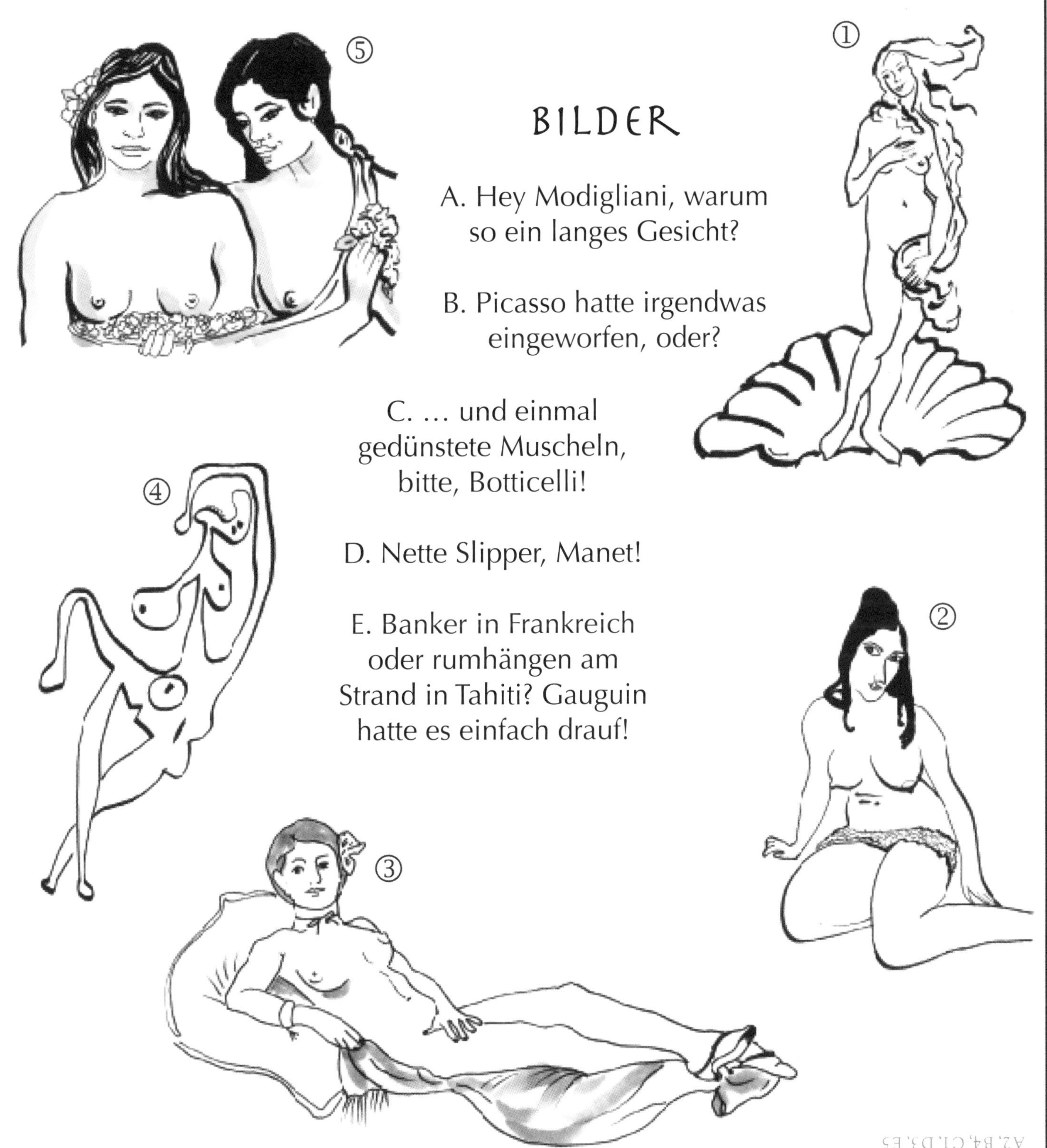

BILDER

A. Hey Modigliani, warum so ein langes Gesicht?

B. Picasso hatte irgendwas eingeworfen, oder?

C. … und einmal gedünstete Muscheln, bitte, Botticelli!

D. Nette Slipper, Manet!

E. Banker in Frankreich oder rumhängen am Strand in Tahiti? Gauguin hatte es einfach drauf!

A2, B4, C1, D3, E5

WANTED
ZUM AUSREITEN
Wogende Wilma und Big Balloon
ZULETZT GESEHEN
BEI DEN ZWILLINGS-
HÜGELN

Mysteriöses Möpse-Meisterquiz

1. Das Wort »Brüste« kommt

A. vom indogermanischen Wort für »schwellen«
B. von der altgermanischen Bezeichnung für »Weichheit«
C. vom russischen Wort für »Glück«
D. vom französischen Wort für »spielen«
E. vom lateinischen Wort für »groß«

2. In Form der Brüste welcher Person sind klassische Champagnerschalen geformt?

A. Marilyn Monroe
B. Venus von Milo
C. Marie Antoinette
D. Janet Jackson
E. Rosa Luxemburg

3. Welche Empfehlung gibt das alte indische Lehrwerk *Kamasutra* im Hinblick auf Brüste?

A. sie zu kratzen und zu beißen
B. beide Brüste fest zu umfassen
C. die Brüste zu kitzeln
D. sie zu lecken
E. die Brüste zu streicheln

4. Es gibt viele landschaftliche Besonderheiten, die wie Brüste heißen, aber welche haben wir uns nur ausgedacht?

A. Der Bottnische Meerbusen zwischen Schweden und Finnland
B. Der Titicacasee in Peru und Bolivien
C. Die Nippelspitze in Südbayern
D. Der Jadebusen an der deutschen Nordseeküste
E. Die »Brüste der Aphrodite« auf Mykonos

5. Wie viel Prozent aller Frauen haben verschieden große Brüste?

A. 20%
B. 33%
C. 50%
D. 75%
E. 90%

6. Eine durchschnittliche Brust wiegt

A. 200 Gramm
B. 500 Gramm
C. 1 Kilo
D. 250 Gramm
E. 1,5 Kilo

7. Welches der folgenden Begriffe bezieht sich nicht ist auf einen BH?

A. Bügel
B. Hammer
C. Wonderbra
D. Minimizer
E. Sport

8. Was ist und wo befindet sich die »Areola«?

A. a)
B. b)
C. c)
D. d)
E. e)

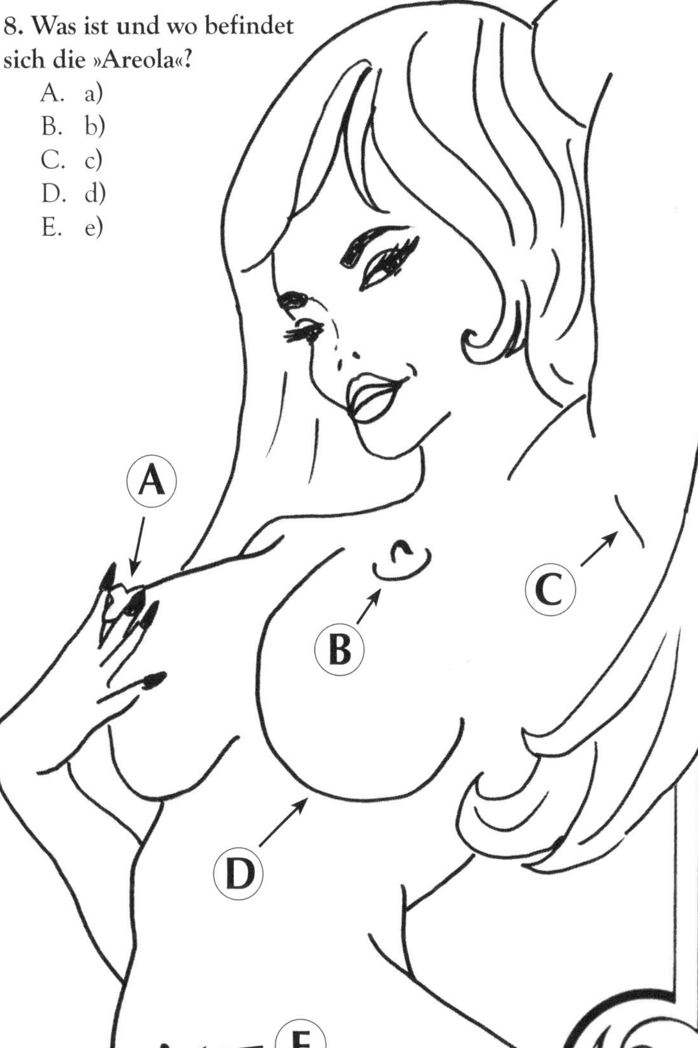

1a, 2c, 3a, 4c, 5e, 6b, 7b, 8b

Was ist der Unterschied?

Es gibt zehn Unterschiede zwischen dem rechten und dem linken Bild. Findest du sie?

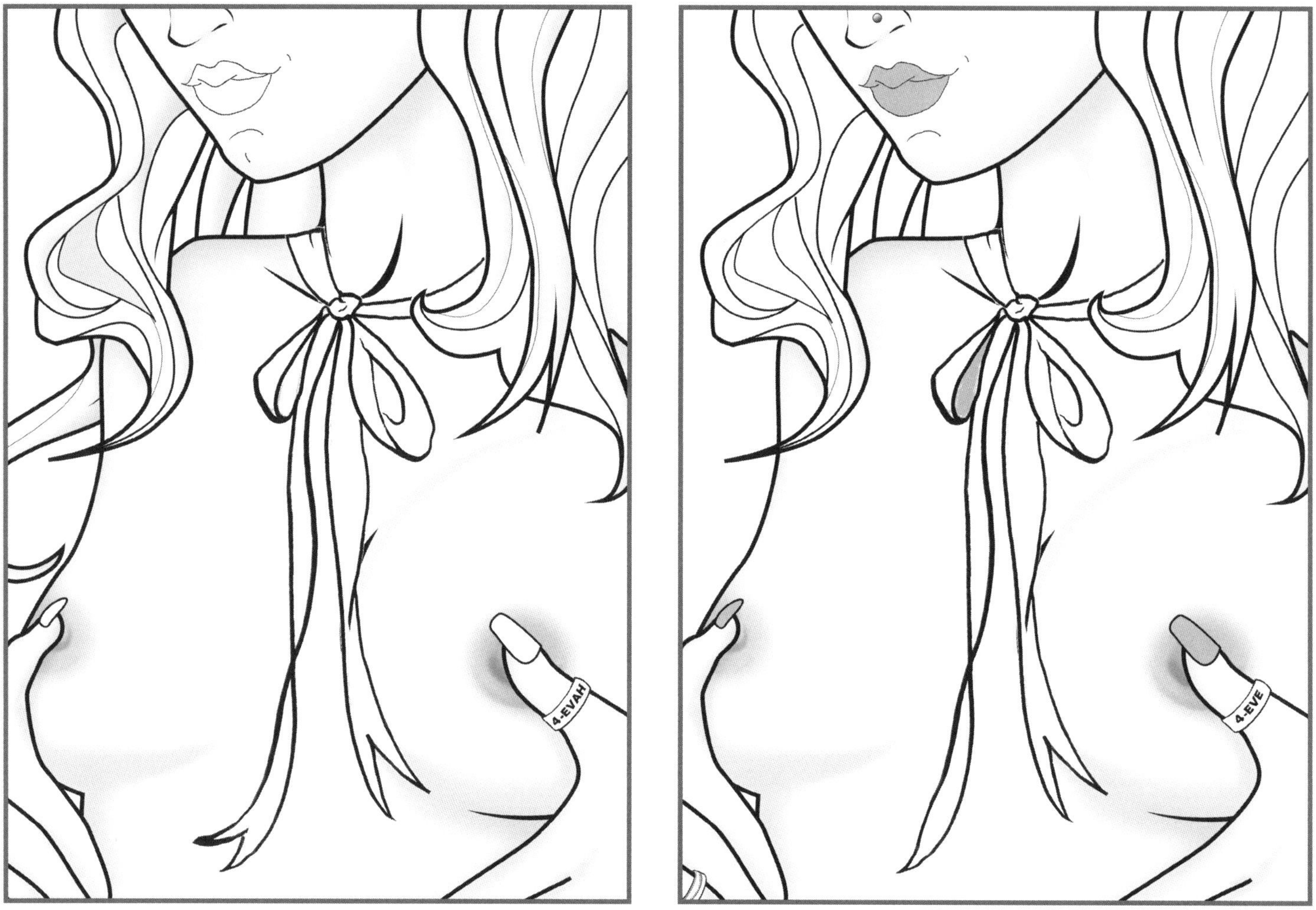

1 ____________________

2 ____________________

3 ____________________

4 ____________________

5 ____________________

6 ____________________

7 ____________________

8 ____________________

9 ____________________

10 ____________________

Lippenstift, Nasenpiercing, Haarfarbe, Nagellack, Grübchen im Kinn, das Ende des Halsbands, der Schatten in der Schleife des Halsbandes, Ringbeschriftung, Ring an der rechten Hand, fehlende Haarlocke

LERNE DIESES UNTERWÄSCHEMODEL KENNEN

Komm diesem heißen Unterwäschemodel ganz nahe,
indem du einen Steckbrief für sie schreibst.

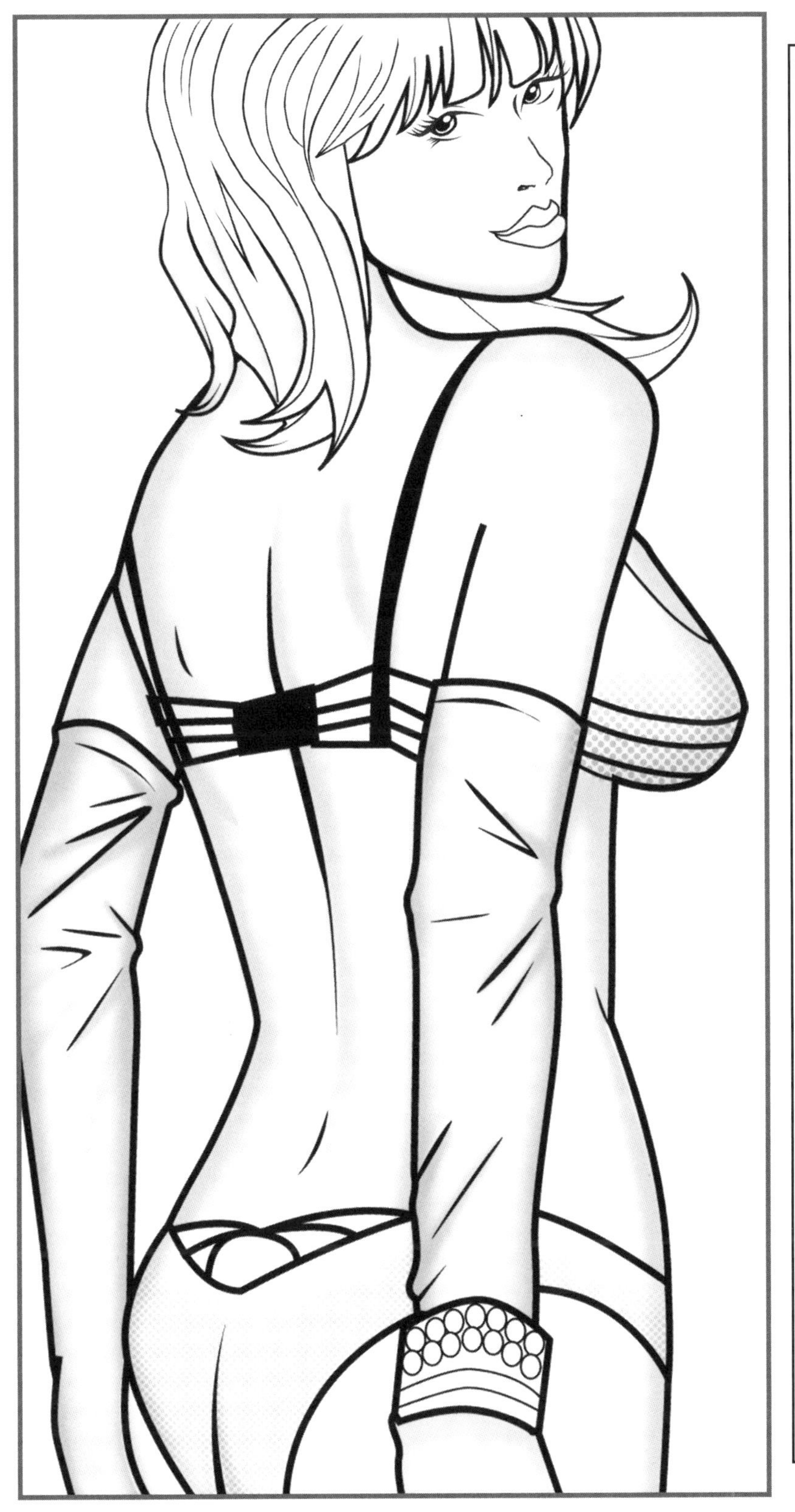

Unterwäschemodel-Steckbrief:

Name ______________________________

Alter ______________________________

Heimatort ______________________________

Maße ______________________________

Hobbys ______________________________

____

____

Besonderes Talent ______________________________

____

____

Ziele ______________________________

____

____

Traummann ______________________________

____

____

Das denke ich über den Weltfrieden ________

____

____

____

Schneebälle?